Für:

Michael Kernbach

Baujahr 1974

LAPPAN

1974 Baujahr So was baut heut Keiner mehr!

Nach 300.000 Jahren Entwicklungsgeschichte im Schneckentempo macht der Homo sapiens 1974 endlich den nächsten großen Schritt und schenkt der Welt nicht nur die beste deutsche Fußball-Nationalmannschaft aller Zeiten, sondern auch uns, die Kinder vom Baujahr 1974.

Wie wir heute gesichert wissen, stellen wir, als genetisches Highlight, das Rückgrat einer Generation, die endlich mehr als nur ein enthaarter Affe ist und als eine Art Bio-Tech-Computer den Erdball nachhaltig verändern wird.

Wir wuchsen auf in einer Zeit, in der die Walnusskerne noch nicht abgezählt aus der Biotüte kamen, sondern an Bäumen wuchsen, von denen man sie pflückte und aß. Notfalls auch mit Schale.

Wer beim Spielen draußen (!) mit den anderen Kindern (!) Durst oder Hunger bekam, rannte nicht zu Mäcces, um sich mit Burgern oder Cola zu vergiften. Stattdessen gab es bei Muttern Butterbrote mit fingerdickem Belag, dazu Wasser aus der Leitung, aufgepeppt mit Gourmetbrausen von Quench, Ahoi oder TriTop.

Keine Schoner, kein Helm, keine federnde Unterlage. Nicht einmal geeignete Sportkleidung oder ein Erstversorgungsset für Sturzwunden. Wie war das nur möglich?

Einmal Wild Child, immer Wild Child.

Was dieses Blutzuckerdoping bei uns vom Jahrgang 74 freizusetzen vermochte, bewiesen wir dann in den 1980ern mit Neon-Shirts und danach mit dem Girlie-Look und Frisurkreationen, die heute wie von einem fremden Stern anmuten.

Wir waren die Ersten, die unterwegs Musik hören konnten, und das ganz ohne Smartphone! Weil es obendrein noch kein Internet und kein Spotify gab, haben wir uns als Teenager aus Langeweile Schallplatten und CDs gekauft und Typen wie „Sandra" oder „Milli Vanilli" erst berühmt gemacht. Okay, sie hatten es auch nicht anders verdient.

Wir haben noch die Mauer und die D-Mark erlebt und wollen mal das eine und mal das andere wieder zurück.

Wir kommen aber auch ohne beides gut klar, wir vom Edel-Baujahr 1974!

1974 Baujahr Wir vom Jahrgang 1974 – Geschichte wird gemacht!

Das Jahr **1974** markiert einen Meilenstein in der Geschichte des Menschen, und es ist natürlich alles andere als ein Zufall, dass in diesem Jahr die Deutsche Nationalmannschaft in München die Fußballweltmeisterschaft gewinnt. Nicht das erste und nicht das letzte Highlight, das höhere kosmische Mächte zu Ehren unserer Niederkunft in petto haben. Damit sich Discountgeschäfte auch lohnen, hebt die BRD im **Januar** die Preisbindung für Markenartikel auf. Die DDR kontert, mangels ähnlicher Produkte, mit einem eigenen Nationalkennzeichen für Autos: DDR. Man tut halt, was man kann! Für einen Vorgeschmack auf das Hier im Jetzt von heute sorgen im **Februar** die Gründung einer europäischen Energieagentur zur Bekämpfung der Energiekrise, 11 % Lohnsteigerung im öffentlichen Dienst wegen der hohen Inflation und eine Udo-Lindenberg-Tournee. Seine erste. Seitdem gilt: The Sonderzug goes on and on! Im **März** wird das Volljährigkeitsalter auf 18 Jahre gesenkt. Die Aussicht, dass es plötzlich Millionen neue, autofahrende Kunden gibt, veranlasst die OPEC, ihr Ölembargo zu beenden. Ich geb Gas, ich will Spaß! Im **April** gewinnt die Gruppe ABBA ausgerechnet mit einem Lied namens „Waterloo" den Grand Prix Eurovision, während in Deutschland der Berater des Kanzlers Willy Brandt, Günther Guillaume, wegen Spionage festgenommen wird. Da hätte der Titel als Soundtrack viel besser gepasst!

Coverboys der westdeutschen Republik. Alleine mit den Konterfeis von Schmidt und Brandt auf Briefmarken verdiente die Deutsche Post so viel Bimbes, dass es quasi nach Privatisierung und ewiglicher Gewinnabschöpfung schrie. Leider gingen Deutschland in der Folge die Coverboys aus.

Im **Mai** erleben unsere Eltern ein kleines Legendenschaulaufen: Willy Brandt tritt zurück und überlässt für Helmut Schmitdt, der dann Walter Scheel zur Bundespräsidentenwahl und Valéry Giscard d'Estaing zur Krönung zum französischen Sonnenkön… ah: Staatspräsidenten gratulieren darf. In einem Politiker-Quartettspiel nicht zu matchen! Im **Juni** legalisiert der Bundestag Schwangerschaftsabbrüche, und die DDR besiegt den Klassenfeind BRD mit 1:0 im Fußball. Die Mauer wankt, fällt aber nicht. Im **Juli** siegt dann doch wieder der schnöde Kapitalismus 2:1 gegen Holland. Deutschland-West ist Weltmeister! Im **August** stolpert US-Präsident Nixon. Nein, nicht über Guillaume oder die deutsche Nationalmannschaft, sondern über die „Watergate"-Affäre. Sein Nachfolger ist ein Ford. Kein Mustang, kein Fiesta, sondern das Modell Gerald, das Probleme mit der Lenkung hat und darum schon nach gut zwei Jahren ersetzt werden wird. Im **September** tritt das erste Energielieferabkommen zwischen Russland und Deutschland in Kraft. Würde man heute nicht mehr so machen. Ob deswegen die RAF-Gefangenen in Stammheim in den Hungerstreik treten? Wohl kaum … Im **Oktober** feiert die DDR 25-jähriges Bestehen und 99,89 % aller Genossen Bürger müssen mitfeiern. Im **November** wird die RAF-Terroristin Ulrike Meinhof zu 8 Jahren Haft verurteilt, und ihr Genosse Holger Meins stirbt an den Folgen seines Hungerstreiks. Rudi Dutschkes Versprechen an seinem Grab „Holger, der Kampf geht weiter" ist leider mehr als nur eine leere Floskel. Im **Dezember** öffnet erst- und letztmalig der gesamte Hamburger Elbtunnel, denn dieses Kunststück gelingt nie wieder so ganz. Sperrung im Elbtunnel ist seitdem ein Ritual, das sich nun für immer in allen Ferienzeiten wiederholen soll und die Mutter aller Autostaus verkörpert.

Datenträger auf Tonbandbasis waren der letzte Schrei und darum natürlich jede harte Mark wert, die man in sie investierte. Nicht nur bei diesen beiden Daten- und Wertspeichern sollte sich über die Jahre vieles ändern. Spoiler: Wirklich besser geworden ist es dann aber nicht …

Baujahr 1974 Nie allein im Kinder-Heim

Wohl weil unsere Eltern in rudelähnlichen Verhältnissen groß wurden und die Redewendung „ein Stall voller Kinder" in deren Jugend bei vielen durchaus wörtlich zu verstehen war, wurde bei unserem Jahrgang quantitativ rückgebaut. Reduced to the max, wie wir heute wissen.

Wenn man von den Nachrichten im Radio und Fernsehen absieht, die damals auch nicht besser waren als heute, wurden wir in die beste aller Welten hineingeboren. Na ja, fast, denn leider hatten unsere Eltern beim Thema Farbe offenbar Nachholbedarf. Warum ihre Tapeten und Möbel aussehen mussten wie nach einer Holi-Party, wird ihr Geheimnis bleiben. Inmitten dieser Kakophonie aus Orange, Grün und Braun wuchsen wir trotzdem wohlbehütet auf.

Der massive Konsum von bewusstseinserweiternden Drogen an den Unis der 60er-Jahre hatte fatale Folgen für das Stadtbild unserer Kindheit. Eine vollgekiffte Generation von Architekten und Designern schuf absurde Gebäude mit surrealem Anstrich, die mit Menschen in Warnfarbenkleidung und Möbelalpträumen aus Hartkunststoff in einer Symphonie der Geschmacklosigkeit disharmonierten.

Mama blieb zu Hause

und hatte, dank neuester technischer Errungenschaften wie Fertignahrung aus dem Glas und Geschirrspüler, viel Zeit für uns. Wenn nicht, standen Omas, Opas, Onkel und Tanten Schlange, um uns zu verwöhnen. Der großen Nachfrage nach Kindern stand eben ein kleines Angebot gegenüber. Leider übertrieben es manche unserer Vorfahren mit ihrer Zuneigung, weswegen einige von uns durch das ständige Geherze Bindungsprobleme bekamen und später Singles blieben.

Familie, das Bild der Schande! In ihrer drastischen Übermacht haben sich alle mit Hutschi-Kutschi- und Eiteitei-Knutsch-Martern an uns vergangen. Ein Wunder, dass die meisten von uns trotz dieser frühkindlichen Prägung überhaupt ein einigermaßen entspanntes Verhältnis zu Zärtlichkeit und Sexualität aufbauen konnten. Eure Spucke klebt an uns, Verwandte!

Weil unser Jahrgang nicht so eine Massenware war wie die Babyboomer vor uns, wurde auf unsere Sicherheit schon ein bisschen mehr geachtet. War es bei den zahllosen 60er-Baujahren noch egal, wenn mal einer von denen aus der Möbelpoliturflasche trank, gab es für uns erste Sicherheitsverschlüsse.

Kaum dass wir sitzen konnten, wurden wir in Hochstühlen zu Tisch gebracht und waren so auf Augenhöhe mit unseren Ernährern. Eine frühkindliche Sozialisation, für die unsere Eltern in unserer Pubertät bitter bezahlen mussten.

Weil das aber in den ersten Jahren keiner ahnen konnte, verwöhnte man uns obendrein auch noch mit Süßigkeiten. Smarties, Sunkist und Zucker-Halsketten standen auf dem Speiseplan, und nur die besondere genetische Disposition der 1974er hat verhindert, dass wir nicht alle längst an Diabetes verstorben sind.

Wir hatten die gefährlichsten Drogen der Neuzeit in unseren Hosentaschen, als wären es Amaranth-Kekse oder Vollkornmüsli. Nicht nur, dass man uns nicht warnte, man gab uns sogar Geld, um uns in italienischen Dealer-Mobilen mit 3 Bällchen Eis für 1 DM mit dem süßen Schores zu versorgen. Wir nahmen, was wir kriegen konnten, und machten den Beruf des Zahnarztes so zu einem Premiumjob.

Wenn etwas nicht aus Zucker war, dann war aus dem Wunderkunstoff der Zukunft, aus dem in den 1970ern einfach alles hergestellt wurde:

Plastik! Natürlich auch unser Spielzeug. Da dieser Werkstoff weitgehend unverwüstlich war und niemand jemals etwas wegwarf, waren unsere ersten Puppen und Bausteine oft schon durch den Geschwister-TÜV gelaufen und sollten auch nach uns noch der nächsten Charge Kinder Freude bringen. Niemanden interessierte es dabei, ob die Herstellermarke noch angesagt oder das Muster noch „in“ war. „Nicht kaputt“ war die Benchmark für Hippness bei allen Spielsachen.

Bruder & Schwester aus Polyester!

Chemie war aus Sicht unserer Eltern von Grund auf gut und eine gesegnete Wissenschaft, mit deren gnadenreichen Errungenschaften auch wir Kinder nicht früh genug in Kontakt kommen konnten. Heute dürfte man mit einem unserer Monchichis sicher nur noch im Schutzanzug spielen. Wo mal keine PVC-Weichmacher drinnen waren, lieferten Formaldehyd und bleihaltige Farben den Stoff, an dem wir uns spielend abhärteten.

Die Rollenvorbilder in unseren Kinderzimmern führten dazu, dass es in den 80er- und 90er-Jahren Silikonwunder wie Pamela Anderson oder das fleischgewordene Eiweißpräparat Arnold Schwarzenegger zu Weltruhm brachten. Schlimm genug. Dass David Hasselhoff dann allerdings auch noch zu singen anfing, kann unserem Spielzeug nicht vorgehalten werden.

Waren frühere Jahrgänge mit Puppenhaus oder Matchbox-Auto spielerisch abgespeist, brauchte es für unsere Generation schon andere Spielwaren. Als hochbegabt galt bei uns, wer den Zauberwürfel in weniger als drei Minuten lösen konnte und nicht, wer das Teil unfallfrei von einer Pyramide unterscheiden konnte.

Weil die Profis von Lego ahnten, dass hier nun eine ganz andere Truppe Menschenkinder die Hände an ihre Bauklötze legen würde, erschien 1977 die Reihe Lego Technic, die aus dem Steckspiel für Primaten endlich wertiges Spielzeug für die NEXT GENERATION machte. So konnten die Ingenieure unter uns schon im Kinderzimmer Elektromobilität ersinnen, während wir dazu grünen Wasserstoff tranken, nämlich Sprudel mit Ahoibrause Waldmeistergeschmack. Danke, Lego!

1974–1983

Das waren Zeiten!

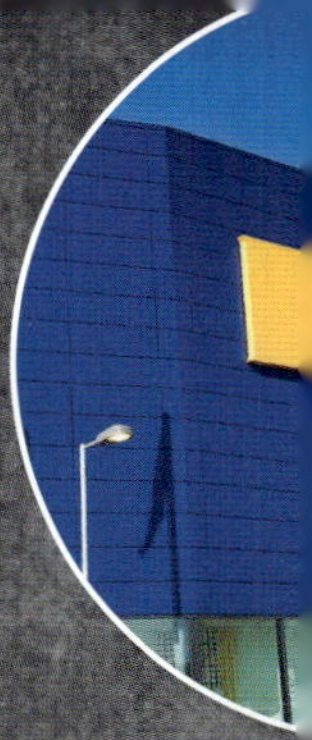

1974

Zypern zieht mit Deutschland gleich, indem es durch eine **Demarkationslinie** geteilt wird, die anders als die deutsche bis heute hält. **ABBA** gewinnen den **Grand Prix** und Muhammed Ali den **„Rumble in the Jungle“**. Die Eröffnung des **ersten Ikea-Marktes** in Deutschland macht das Jahr dann doch noch zu einer richtig runden Sache. Kaum vorstellbar, dass es mal ein Leben ohne IKEA gab!

1975

67% der Briten stimmen beim **Brexit-Referendum** mit „Nein“ und England bleibt Mitglied in der **EWG**. Früher war halt alles besser. **Bill Gates** gründet **Microsoft** und das **erste YPS-Heft** erscheint – das Todesurteil für Millionen von Urzeitkrebsen!

1976

Helmut Schmidt wird als Bundeskanzler wiedergewählt und bekommt gleich einen neuen prominenten Bürger: **Wolf Biermann** darf nach einer Konzertreise nicht mehr in die DDR zurückkehren. Millionen Ostbürger platzen fast vor Neid. **Mao** und **Meinhof** sterben, jedoch nicht als Folge der **Todesstrafe**, die in den **USA** wiedereingeführt wird.

Die Wahrscheinlichkeit, 1974 einen Trabi mit DDR-Kennzeichen mal eben bei einem IKEA vorfahren zu sehen, war so gering, dass dagegen Lottospielen als sichere Einkommensquelle gelten konnte. Sicher ein Grund, warum das dann so viele machten!

1977 verlässt Elvis just the building, vermutlich, um mal eben schnell Zigaretten zu ziehen. Wie viele seiner männlichen Artgenossen wird er nach dieser häuslichen Flucht nie wieder gesehen. Unbestätigten Gerüchten zufolge kehrte er nach Deutschland zurück und schloss sich als Schaukelbremser einem Schaustellerunternehmen an.

1977

Die **GSG 9** stürmt die „Landshut" in Mogadischu, was eine Reihe von Terroristen dort und in Stammheim das Leben kostet. Ebenfalls gen Himmel fahren **Elvis** und **Charlie Chaplin.** Damit die so entstandene Lücke gefüllt ist, proklamieren **Queen** mit **„We Are the Champions"** die frei gewordenen Throne des Entertainments ganz nonchalant einfach allein für sich.

1978

Reinhold Messner besteigt den **Mount Everest** ohne Sauerstoffgerät. Eine körperliche Grenzleistung, die viele Fußgänger heute, dank der Abgase des **Passat Diesel,** der gerade auf den Markt kommt, täglich auf dem Weg zur Arbeit leisten müssen. Es gibt gleich **drei Päpste,** der letzte der Reihe bleibt dann aber fast 27 Jahre und beweist so die Richtigkeit der Evolutionstheorie: Survival of the Fittest!

1979

Pünktlich zur **ersten Weltklimakonferenz** meldet das Ruhrgebiet den ersten **Smogalarm** Deutschlands und beschleunigt so das Grubensterben. Wenn das mal so schlau war. Der **Spritpreis** überschreitet die **1-DM-Grenze** und der **HSV** wird Meister. Ja, genau, DER HSV. Und richtig: im Fußball! Sachen gab's …

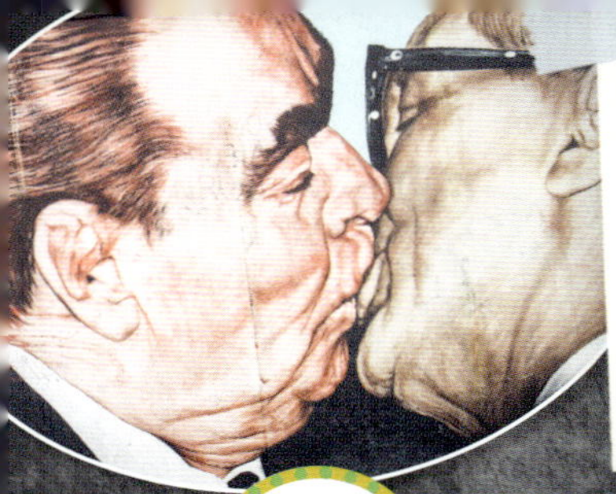

Die – nach „der Erschaffung Adams" – berühmteste Wandmalerei der Welt zeigt Breschnew und Honecker beim Knutschen anlässlich des 30. Jahrestags der DDR 1979. Trotz dieser cleveren Marketing-Idee blieb der erhoffte massenhafte Zuzug von Homosexuellen in den Ostblock aber aus.

1980

Deutschland wird in Italien mit Ballschindern wie Briegel, Kaltz und den Förster-Brüdern **Fußball-Europameister.** Das Bild vom „hässlichen Deutschen" zementiert sich damit in den Köpfen. Dabei können wir es auch kniffelig: Der **Zauberwürfel** kommt und wird sofort ein Kassenschlager. Die **USA** boykottieren die **Olympischen Spiele** von Moskau und wählen **Reagan** zum Präsidenten. Der Kalte Krieg ist somit fast fertig und wird nun weltweit heiß serviert.

1981

Als wir sieben werden, gibt's dann endlich wieder gute Nachrichten. **Charles und Diana** heiraten und liefern die Blaupause für alles, was einem heutige Wedding Planner für die eigene Hochzeit anzudrehen versuchen. In **Bonn** treffen sich 300.000 Menschen zu einer **Friedensdemo** und beweisen so vor allem, dass es in der alten Hauptstadt tatsächlich Platz für so viele Menschen gibt.

Um DEM deutschen Botschafter schlechthin, der D-Mark, die Arbeit zu erleichtern, sprengte man 1980 ein Loch in die Alpen. Durch diese „Gotthard-Tunnel" genannte Röhre konnte das Geld besser in den Süden abfließen und dort gegen Dolce Vita, Pizza und unverschämte Parkgebühren eingetauscht werden.

1982

Die **FDP** zeigt erstmals ihr wahres Gesicht und lässt **Helmut Schmidt** als Bundeskanzler eiskalt auflaufen. Sie schreckt nicht einmal davor zurück, **Helmut Kohl** zum Kanzler zu wählen, und hat damit die **deutsche Einheit,** den **Euro** und **Angela Merkel** zu verantworten, die in Kohls Schatten als sein „Mädchen" gedeiht. Danke, FDP! Da hilft es auch nicht, dass die **singende Dauerwelle** Nicole erstmals den Grand Prix für Deutschland gewinnt und das **„Thriller"-Album** erscheint.

Der Joker. Keiner war gefährlicher in Bonnham City als Genschmän, die fleischgewordene wechselnde Mehrheit.

1983

Die Welt wird mehr und mehr zu dem **seltsamen Gebilde,** mit dem wir uns heute herumschlagen müssen. Gleich zwei neue Seuchen treffen uns '83. Das gerade erst entdeckte Aids verbreitet sich rasend schnell und führt auch bei uns zur dringend nötigen Gründung der **AIDS-Hilfe.** In Amerika erreicht mit dem **Motorola DynaTAC 8000X** das erste Handy die Menschheit. Obwohl sich diese Plage noch schlimmer verbreitet als Aids, gibt es bis heute keine Hilfsorganisationen und keinen Schutz dagegen.

Verschwörungstheoretiker sind schon seit Langem misstrauisch. War Diana wirklich Diana? Oder, wie diese Briefmarke zu beweisen scheint, die junge Hillary Clinton – ins britische Königshaus eingeschleust durch NSA und FBI? Fragen über Fragen …

Baujahr 1974 Als „Penne“ noch nicht Nudeln war’n

Eines Tages schlug das Schicksal in unseren bis dahin fein austarierten Alltag aus Kindergarten, Draußen-Spielen und Fernsehen ein und man schickte uns in die Schule. „Einschulung“ nannte sich die große Auftaktveranstaltung.

Was wir nicht wissen konnten: Dies war unser Dienstanstritt in der ollen Tretmühle , in der wir noch heute knietief drinstecken. Damals ahnten wir nicht einmal, dass wir am Ende dieser Reise an unserem Arbeitsplatz, also bei den ganzen Verrückten stranden würden. Danke dafür, Mama und Papa! Zunächst sah die ganze Sache eigentlich recht harmlos aus.

Unser Start in den „Ernst des Lebens" begann in der Holzklasse. Von iPads, ergonomischen Möbeln oder freiem WLAN keine Spur.

Darum freuten wir uns auf das neue Abenteuer, zumal unsere Spielkameraden, die schon in die Schule vorangegangen waren, wegen ihres neuen Wissens ganz schön dicke Backen machten. Und mit was? Mit Recht, denn vieles von dem, was man uns in den ersten vier Schuljahren lehrte, ist uns heute noch von Nutzen.

Unsere ersten Buchstaben lernten wir mit Büchern wie „Uli der Fehlerteufel“ und dem „Westermann Lesebuch“ und das Zählen mit den bunten Plastikplättchen aus der Mengenlehre, von der wir bis heute nicht wissen, was sie uns eigentlich sagen wollte.

Vieles war aber auch ziemlich suboptimal organisiert.

Unser Wikipedia hieß „Bibliothek" und passte schon damals in unsere Hosentaschen, nämlich in Form des Bücherei-Ausweises. Der war unser Log-in-Code zu den Datenbanken, die „Bücher" hießen und in einer Sprache programmiert waren, die „Alphabet" genannt wird. Wir versuchten, uns unseren eigenen Reim auf die oft völlig unverlinkten Bildungsbrocken zu machen, die wir in der „Bib" vorfanden. Ein Vorgang, den man „Denken" nannte und der leider immer mehr aus der Mode kommt.

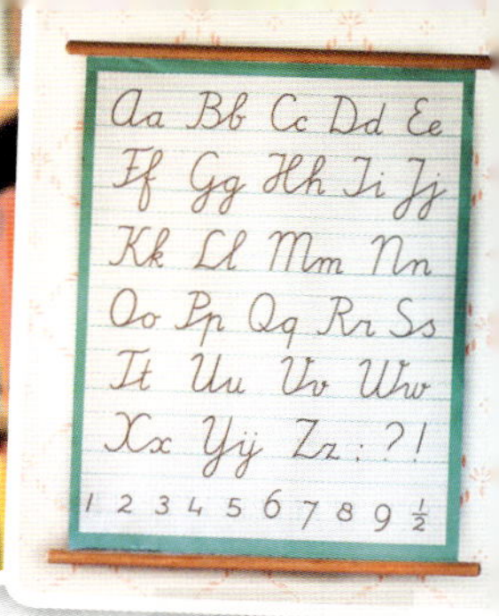

Konstruktiver Austausch in der Lerngruppe wurde etwa unter „Schwätzen" geführt und zog auch schon mal Nachsitzen oder Strafarbeiten nach sich. Allerdings ohne begleitende „Tatzen" auf die Finger oder andere Hiebe, denn die waren inzwischen verboten, was viele der älteren Lehrer sichtlich vermissten. Gerüchteweise ohrfeigten die sich vor Unterrichtsbeginn schon mal untereinander, um den Unterlassungsstress abzubauen.

Mit den Resten einstiger Freiheit und zusammen mit den vielen neuen Freunden, die wir in unserer Jahrgangsstufe kennengelernt hatten, war die Grundschule aber letztlich ein Ort, an dem es sich im Großen und Ganzen aushalten ließ, wenn es nicht gerade die „Giftblätter mit Schlagsahne" gab, die bei weniger Zweiern als Dreiern oder Vierern erschütternde Foltern wie Nachhilfe oder Stubenarrest nach sich ziehen konnten.

Damit zementierte insbesondere das Zeugnis den nachhaltig schlechten Ruf, den die Schule schnell unter allen Kindern genoss.

Die Transformation der Schule vom Bootcamp für spätere Kasernenaufenthalte hin zu einem Trainingscenter für unsere zukünftige Großbürohaltung ging oft nur schleppend voran. Einrichtung und Architektur formten über die Jahre einen bunten Cross-over-Mix, der bis heute allerorten zu bestaunen ist und dank der erfolgreich verweigerten Digialisierung endgültig jeder Wirklichkeit entrückt scheint.

Baujahr 1974 Einmal täglich Schluss mit lustig

Auch wenn wir unsere Bildschirme noch eine Weile zu Hause stehen lassen mussten, weil die Empfangsgeräte unserer Eltern einfach nur stationär betrieben werden konnten, liebten wir die „Glotze“ von Herzen und waren die erste Generation, die sich vornehmlich über einen Screen informierte.

Fernsehverbot war darum eine der schwersten Strafen, die nur für Kapitalverbrechen wie Lügen, Sachschäden am Sonntagsgeschirr oder eine Fünf in Mathe ausgesprochen wurden. So fanden wir genug Zeit, um regelmäßig den guten alten Kasten anzuwerfen und nachzuschauen, was für uns gerade geboten wurde. Und die Jungs von ARD und ZDF wussten damals schon genau, wer ihnen später mal die Stange halten würde.

Der Sendeschluss – eine entschleunigende Maßnahme, über deren Wiedereinführung dringend nachgedacht werden sollte. Insbesondere für die vielen Dumpfbirnen im Internet.

Darum fütterten sie uns sehr früh an und lieferten, kaum dass wir den Fernseher selbst anschalten konnten, Kracher wie die „Rappelkiste“, das „feuerrote Spielmobil“, die „Muppet Show“ und on top, gleich zweimal am Tag, die „Sesamstraße“, die sogar schon morgens lief! Kein Wunder, dass wir heute immer noch klaglos Frühstückfernsehen gucken.

Wir hatten nicht nur die geilsten Sendungen, sondern auch die schrägsten Moderatoren!

Als lupenreine Serientäter …

… gingen wir nach dem Fernsehen raus zum Trainieren, um mal so gut und cool zu werden wie **MANNI, DER LIBERO** …

… saßen wir auf der Wettcouch bei **„WETTEN, DASS…?!“** …

… lachten beim neuen Sender RTL über **KARLCHEN, DIE FRECHE HANDPUPPE** …

… wünschten uns aber insgeheim einen eigenen Haus-Alien wie **ALF.**

… haben wir vom **A-TEAM** das Teambuilding gelernt, als es das noch gar nicht gab …

… konnten wir, **MACGYVER** sei Dank, aus Teelöffeln ein Kanu bauen …

… von dem wir in **BAYWATCH** gerne von Pam Anderson oder „The Hoff“ gerettet worden wären.

… freuten wir uns, dass die **BRAVO** endlich auch als **BRAVO TV** über den Bildschirm zu beziehen war …

… und legten das Bildschirmheft nur auf die Seite, um Teil der Cosbys in der **BILL COSBY SHOW** sein zu dürfen.

1974 Baujahr Mit dem Ford Capri bis Capri

Weil wir Kreuzfahrten und Interkontinentalflüge nur als Erfindung der Autoren von Fernsehserien kannten, war für Fernreisen jeder Art das Transportmittel der Wahl das Familienauto. Ohne Internet-Booking und Navis ein gewaltiges Manöver, das von unseren Eltern mit größter Sorgfalt angegangen wurde.

Während Vater das Fahrzeug nach einem hochspeziellen Plan maximal raumnutzend mit unserem Gepäck überlud, richtete Mutter eine Provianttasche, mit der man den Südpolforscher Scott und seine Crew seinerzeit locker vor dem Verhungern hätte retten können.

Am Zielort angekommen, verabschiedeten wir uns von unseren Eltern. Wir sollten sie von nun an nur noch zu den Mahlzeiten und in ihrer wichtigen Rolle als Zahlmeister wiedersehen. Diese Aufgabe erfüllte Papa im Urlaub besonders zuverlässig, weil ihn nichts mehr störte als eine Horde Blagen, die in frenetischer Lautstärke „Ooohhh BITTE!" schrie.

Weil wir Neuseeland nur von Briefmarken und New York lediglich aus Krimiserien kannten, fanden wir Reisen innerhalb von Deutschland oder nach Spanien und Italien gar nicht so übel. Campingplätze und Feriensiedlungen waren der Garant für viele neue Bekanntschaften und das eigene Zelt besser als jedes Fünf-Sterne-Resort.

Tetris und Zauberwürfel waren Kleinkindkunst gegen die logistischen Meisterleistungen, mit denen Vater mehrere Kubikmeter Ferienutensilien im Kofferraum eines Passat zu verstauen wusste.

Mit diesen Extra-Zuwendungen lebten wir wie die Maden im Speck. Eis gab es gleich mehrmals am Tag, und manchmal reichte es sogar für eine Runde Minigolf. Weil weder Surfen noch Kiten damals eine Rolle spielten, fehlte es uns nie an der richtigen Ausrüstung oder Kleidung.

Badehose und Badeanzug waren der durchgehende Dresscode des Sommers. Taucherbrillen und Schnorchel die High-End-Ausrüstung für Abenteuertrips entlang der Urlaubsküste. Der schlimmste Abend war immer der, an dem wir uns was „Anständiges“ anziehen mussten, um mit den Eltern essen zu gehen. Weil die uns aber sonst so schön in Frieden ließen, überstanden wir auch diese Pflichtveranstaltung und tummelten uns gleich am nächsten Tag wieder mit unseren Ferienfreunden – die wir am Urlaubsende dann mit Kloß im Hals verabschieden mussten.

Wir tauschten Adressen und schrieben uns Briefe, deren Ankunft wir sehnsüchtig erwarteten. Einfach mal dort anzurufen, wäre uns nicht in den Sinn gekommen. Ein Ferngespräch hätte die Telefonrechnung in astronomische Höhen und Vater zur Weißglut getrieben.

Wir haben uns trotzdem nicht aus den Augen verloren und schreiben noch heute dem ein oder anderen Ferienfreund mittels WhatsApp oder finden sie auf Facebook wieder.

Baujahr 1974 Neuland voraus!

Es war einmal: der Joystick. Der Faustkeil der digitalen Urzeit. Wir kämpften mit primitivsten Mitteln gegen Pixel-Monster und gegen die Technik. Hat trotzdem jede Menge Spaß gemacht!

Mit dem Beginn der Pubertät lernten wir neben dem Fernseher eine weitere Mattscheibe besser kennen, von der wir nie geahnt hätten, dass sie einmal unser ganzes Leben bestimmen würde.

Diese Geräte hießen PC, und ihre ersten beiden archaischen Vertreter aus den längst ausgestorbenen Gattungen ATARI und C 64 stammten aus einer Welt, in der es noch sehr urtümlich zuging.

Unser erster Game-Superheld war kein bis an die Zähne bewaffneter Zombie und kein digitales Fantasy-Wesen aus einer Höllenvision, sondern: ein Klempner. Super Mario war ein harmloser und lustiger Spielgefährte.

Weil es noch kein Internet gab, luden wir uns die ersten Videospiele in manchmal stundenlanger Wartezeit von oft zahlreichen Floppy Discs mit einer Speicherkapazität von 1,4 MB auf unseren PC.

Ein schier endloser Vorgang, an dessen Ende uns dann, zu unserer großen Freude, pixelige Grafiken aus dem Gärschlamm der Spieleprogrammierung erwarteten. Trotzdem war es aufregend, sich mit dem Joystick oder der Tastatur durch Spiele wie „Archon“, „Wintergames“, „Ballerburg“ oder „Pole Position“ zu kämpfen. Dann kam Nintendo und mit „Super Mario Bros.“ die Spiele, die Geschichte schrieben!

Egal, wie oft es hing und wie verpixelt die Bilder waren.

Baujahr 1974 Hochdekorierte Leinwandhelden!

Allein diese drei Herren demolierten und sprengten mit unserem Kinogeld mehr Autos, Brücken und Wohnviertel, als es davon in einer durchschnittlichen Großstadt gibt. Trotzdem mussten sie nie vor ein Kriegsgericht, sondern bekamen am Ende des Films meistens einen Orden. Wie im richtigen Leben eben.

Spätestens, als ab 1985 der Donnerstag als „Kinotag" mit verbilligten Eintrittskarten in die Filmpaläste lockte, hatten Computer und VHS-Rekorder regelmäßig das Nachsehen. Denn im Kino, da gab den ganz heißen Schores, den man kennen musste, um irgendwie am Puls der Zeit zu sein.

Früher bezahlten wir an der Kinokasse Geld, um richtig fiese Typen zu treffen. Heute bekommen wir sogar welches dafür. Jeden Monat, vom Arbeitgeber.

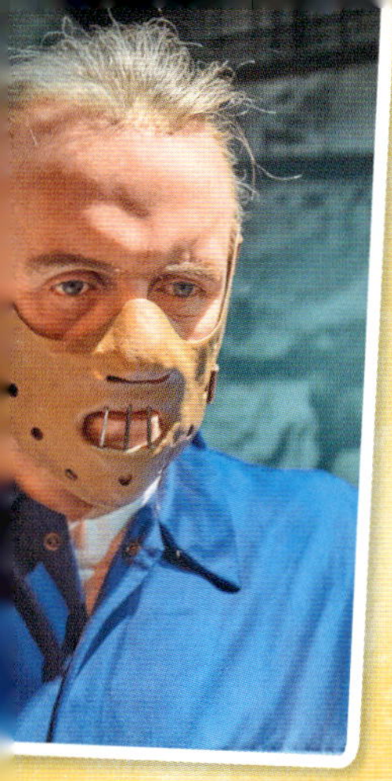

Wir waren im Kino, als ...

... wir beim BEVERLY HILLS COP lernten, wie lustig es bei der Polizei sein kann ...

... und dass sogar Militärroboter wie NUMMER 5 eine nette Seite haben. Hoffentlich stimmt's auch!

FERRIS MACHT BLAU war die Devise, und wir machten es dann leider manchmal auch nach, weil Schule egal war, seit wir ...

... in WALL STREET das schmutzige Geschäft der Börsen kennengelernt hatten und nun dachten, wir wüssten, wie das mit dem Schotter geht. Dumm gelaufen!

Wir lachten uns einen Ast bei EIN FISCH NAMENS WANDA und DIE NACKTE KANONE ...

...bis wir uns alle in die PRETTY WOMAN Julia Roberts und in Kevin Kostner in DER MIT DEM WOLF TANZT verliebten und uns ...

... HOOK noch einmal mit in die Kindheit zurücknahm. Wären wir mal dort geblieben!

Baujahr 1974 Quasi-Mode und die Polsterer von Homme et Dame

Wenn wir heute alte Fotoalben ansehen, erkennen wir, wie schlimm es hätte werden können. Selbstgestrickte Pullis, Latzhosen, die letzten Ausläufer des Koteletten-Seitenscheitel-Jahrzehnts.

Diese Geschmacksentgleisungen ertrugen wir als Kinder, was nicht schlimm war, denn wir wussten es nicht besser. Dann aber kamen die Hormone und öffneten uns die Augen. Und wir sahen: So kann das nicht weitergehen! Gottlob halfen uns Modeikonen wie Madonna, Milli Vanilli oder die Fernseh-Serie „Miami Vice“ mit Stilvorlagen, mit deren Hilfe aus uns die bestgekleidete Jugend aller Zeiten werde sollte.

Das Familienfotoalbum – ein Bilderbuch des Horrors!

Lag es am radioaktiven Fallout der Tschernobyl-Katastrophe? Am sauren Regen? Am Ozonloch? Irgendetwas zwang uns mit dem Beginn der Pubertät, uns mit neonfarbener Ballonseide und Dreifachschichten aus Schminke und Schulterpolstern gegen bedrohliche Umwelteinflüsse wie schimpfende Eltern oder unzufriedene Lehrer zu schützen.

Die Mode der 80er Jahre war sehr vielfältig und experimentell, und einige der Trends aus dieser Zeit sind heute wieder sehr beliebt. Und mit was? Mit Recht! Schulterpolster waren ein Muss in den Eighties, nicht nur für Männer, sondern ganz besonders auch für die Mädels. Egal ob Bluse, Kleid oder Blazer, alles wurde ausgestopft wie eine Eishockey-Montur. Auch Puffärmel waren sehr beliebt, und die Karottenhose war die beliebteste Hosenform dieser wunderbaren wilden Jahre.

Es war auch The Age Of „Power Dressings“: Als Schönheitsideal für Frauen galt die V-förmige Silhouette mit einer breiten Schulterpartie und einer schmalen Taille, die durch Oversized-Blazer mit Schulterpolstern, Tops mit voluminösen Puffärmeln und breite Taillengürtel erzeugt wurde. Wer es stylish-düsterer mochte, fand seine Vorbilder in den vornehmlich schwarz gekleideten Bands der „New Romantics“-Welle, während zeitgleich die „New Wave Of British Metal“ den Rocker-Look mit Kutten, Pudelfrisuren und engen Jeans straßenfähig machte.

Anziehsachen waren für uns nicht nur die Beute eines x-beliebigen Shoppingstreifzugs, sondern eine Visitenkarte, aus der man mehr persönliche Daten herauslesen konnte als Facebook heute aus unseren Timeline-Stories.

Was sich heute nur die ganz wilden Trendsetter und Stars zu tragen trauen, war unser Montagmorgen-Look.

Unsere Füße trugen, was auch immer sie tragen konnten.

Baujahr 1974 Don't Worry, Be Happy!

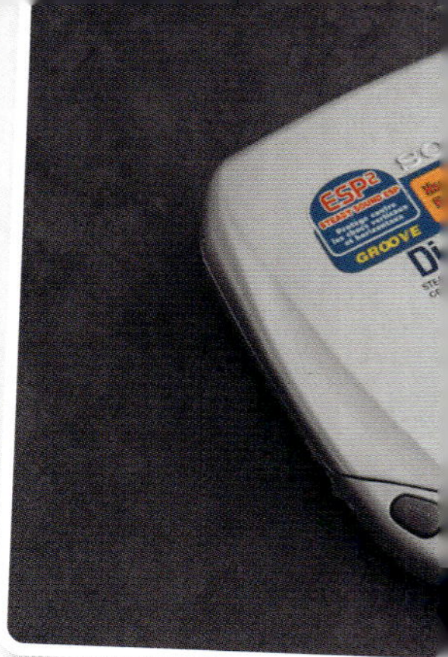

Kaum hatten wir erkannt, dass es im Leben einfach nichts Wichtigeres gibt, als ununterbrochen die geilste neue Mucke zu kennen und zu hören, hatten die Mächte des Universums ein Einsehen mit uns.

Sie schufen MTV Europe, auf dass wir nun von Warschau bis Lissabon alle zur selben Zeit im Fernsehen abrufen konnten, was gerade der ganz heiße Scheiß in der Musikszene war. Weil das Internet nur eine Sache für totale Nerds und für Kriminelle war, KAUFTEN wir die Songs unserer Helden auf CDs, die wir in unserem Discman überall mit uns herumschleppten.

Wir rockten und headbangten mit Aerosmith und Iron Maiden, zappelten zu Lambada und „The Power" von Snap. Wenn wir es verträumt haben wollten, griffen wir zu einer Kuschelrock-CD.

Weil es noch keine Casting-Shows im Fernsehen gab, waren unsere Stars noch echte Musiker, die viele Fans brauchten, bis sie es endlich zu Kristiane Backer oder Ray Cokes ins Studio schafften.

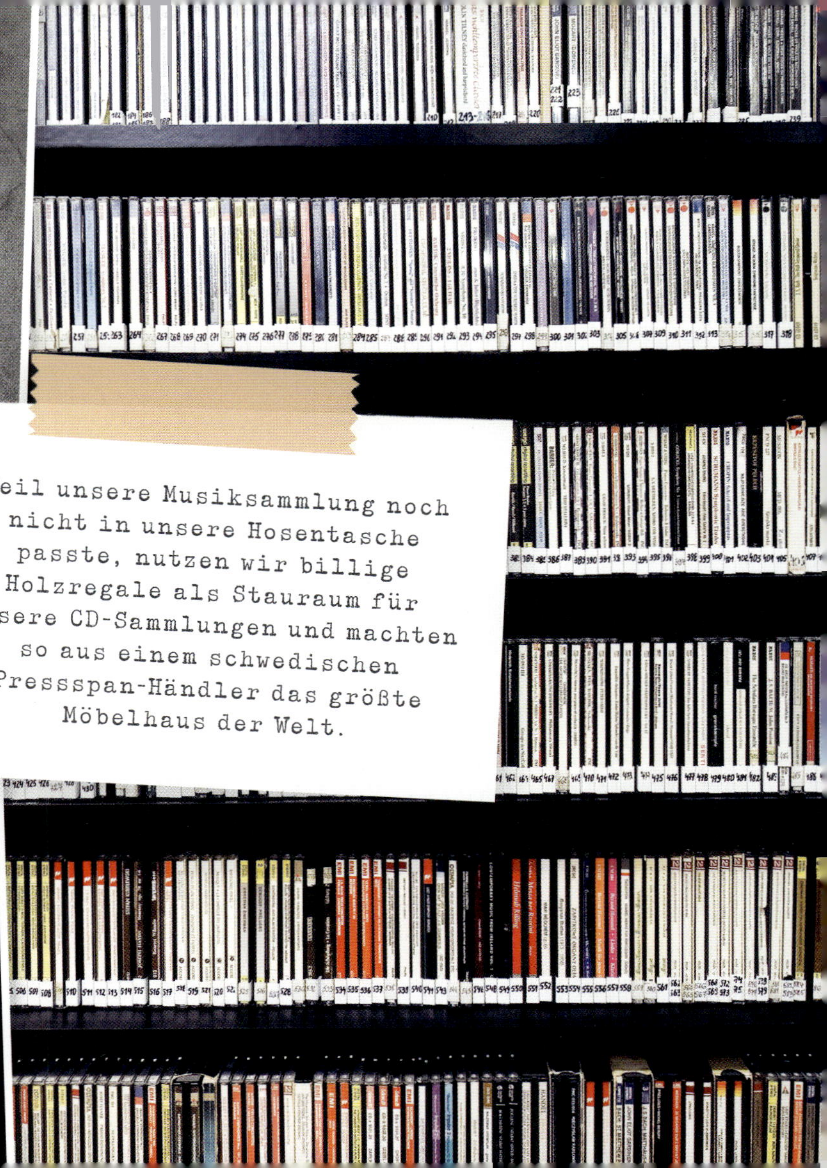

Weil unsere Musiksammlung noch nicht in unsere Hosentasche passte, nutzen wir billige Holzregale als Stauraum für unsere CD-Sammlungen und machten so aus einem schwedischen Pressspan-Händler das größte Möbelhaus der Welt.

BEST OF BRAVO HITS!

CD 1

Bon Jovi	Livin' on a Prayer
U2	With or Without You
Whitney Houston	I Wanna Dance with Somebody (Who Loves Me)
Starship	Nothing's Gonna Stop Us Now
Michael Jackson	I Just Can't Stop Loving You
Tina Turner	What You Get Is What You See
Kylie Minogue	I Should Be So Lucky
Yello	The Race
France Gall	Ella Elle L'a
Mory Kante	Yeke Yeke
Pet Shop Boys	Always On My Mind

CD 2

Whitney Houston	One Moment In Time
Natalie Cole	Pink Cadillac
Belinda Carlisle	Heaven Is a Place on Earth
Bros	When Will I Be Famous?
Womack and Womack	Teardrops
Bobby McFerrin	Don't Worry, Be Happy
Rick Astley	She Wants to Dance With Me
George Harrison	Got My Mind Set on You
The Communards	Never Can Say Goodbye
Roxette	The Look
Madonna	Like A Prayer
David Hasselhoff	Looking For Freedom
Kaoma	Lambada
Bangles	Eternal Flame
Snap	The Power
MC Hammer	U Can't Touch This
Laid Back	Bakerman
Sandra	Hiroshima

Unsere Playlist hieß Mixtape und unsere Hörtipps kamen von MTV. Wir brauchten für beides viel Zeit und haben darum heute einen eigenen Geschmack. Das ging ganz ohne Algorithmen, die uns heute mit wahllosen Einspielungen nerven. Wir wissen Gott sei Dank selber sehr gut, was gut für unsere Ohren ist!

1981–1990

Das waren Zeiten!

1984

Dass ausgerechnet 1984 der spätere **„Big Brother"-Sender RTL** an den Start geht, kann kein Zufall sein, genauso wenig wie die Markteinführung des **ersten „Mac"** von Apple, der Mutter aller Datenkraken. Ein weiterer dunkler Schatten, der sich auf die Zukunft legt, ist die Veröffentlichung von **„Last Christmas".** Weihnachten wird nun nie wieder sein, wie es mal war.

1985

In London ist was los. Erst gewinnt dort unser Bobbele das **Wimbledon-Tennisturnier** und macht aus dem Hausarzt-Sport eine Massenbewegung, und dann steigt im **Wembley-Stadion** der europäische Teil des **„Live Aid"-Festivals.** Damit wir da nicht alle sofort nach England auswandern, sediert uns die ARD fortan mit der **„Lindenstraße"** und der **„Schwarzwaldklinik".** Die Tele-Pathie funktioniert hervorragend, wir verschlafen so die erste Version von **Windows** und **Lafontaines** Antritt als **Ministerpräsident** des Saarlands. Kleine Länder, große Wirkung!

Schade, dass Boris keine Wild Card bekam, sonst hätte er das Live Aid sicher auch noch gewonnen!

1986

Kaum dass die Jungs unter uns wegen der **Challenger-Katastrophe** nicht mehr Astronaut werden dürfen, gilt auch schon für alle striktes Draußen-Spiel-Verbot. In **Tschernobyl** hat man es größtmöglich krachen lassen und wir müssen lernen, dass mit „radioaktiv" nicht besonders lustige **Rundfunk-Moderatoren** gemeint sind.

1987

Bilder im Kopf: Toter Mann in Badewanne. Hände wühlen in BHs. Da muss unsereins nicht lange überlegen: Barschel und Carrells **Khomeini-Gag** in „Rudis Tagesshow" waren damals überall DAS Thema, wenn man nicht gerade über **Mathias Rust** und seinen Flug zum **Roten Platz** redete. Sonst alles ruhig in Deutschland. So ruhig, dass man sogar gleich zu Beginn die **Neujahrsansprache** von **Helmut Kohl** verwechselt.

1988

Das Unfassbare passiert. **Holland.** Wird. **Europameister.** In Deutschland. O. Mein. Gott. **Steffi Graf** haut gegen diese nationale Schmach raus, was sie kann, aber was sind schon vier Grand-Slam-Siege plus Olympia-Gold gegen den Schlag von der Nordseeküste. Zum Trost schickt uns das Fernsehen **„Alf"** und das Kino **„Roger Rabbit"**, damit auch wir wen haben, über den wir lachen können, und nicht nur die doofen Holländer.

Um nach der Blamage der eigenen Elf trotzdem ein bisschen Spaß zu haben, verkleideten sich viele Deutsche zum Finale als Holländer. Einige blieben bei diesem Selbstversuch auf Heineken und Frikandel hängen und haben in schweren Fällen einen Job bei der örtlichen Wertstoffentsorgung angenommen, um den ganzen Tag in Oranje verbringen zu können!

Weil der 1974er- und 1990er-Weltmeister zur Sommermärchen-WM 2006 auch noch das gleichnamige Wetter besorgt hatte, versuchte Angela Merkel, ihn mit einem Spielzeug zu belohnen. Aber der aufrechte Steuerflüchtling war zu redlich und lehnte die Gabe als versuchte Bestechung ab. Diese Bescheidenheit und Redlichkeit hat er sich stets bewahrt. Geld, das ihm nicht zusteht, kommt ihm nicht ins Haus. Sondern direkt auf die Bank.

1989

The Hoff macht seine Drohung wahr und singt die Mauer weg. Die Ossis bekommen Bananen und **Begrüßungsgeld.** Viele von ihnen sind der Ansicht, dass dies die ersten und letzten Wohltaten waren, die der **Kapitalismus** für sie bisher bereitgehalten hat. Damit das an die DDR- Bürger **verschenkte Geld** schneller wieder in den westdeutschen Taschen landet, erfindet man den **„Langen Donnerstag“,** an dem die Geschäfte bis 20 h geöffnet sein dürfen. Die **Ausbeutung des Arbeitnehmers** erreicht früh-industrielle Ausmaße.

1990

Wiedervereinigung? Pah, wir sind **Weltmeister!** Und nur sein politisches Desinteresse verhindert, dass „Kaiser“ **Franz Beckenbauer** umgehend zum tatsächlichen Monarchen ausgerufen wird.

Die Erfolgsformel Wodka Gorbatschov beendete letztlich den Kalten Krieg. Jelzin trank reichlich von dem Feuerwasser, weil er darin die Weisheit seines Vorgängers vermutete. Letztlich waren es dann ein paar Glas Nost zu viel, um die Umgestaltung der Perestroika in ein Nasdarovje für alle umzufüllen ... äh ... zu gestalten.

1991

Aus **Raider** wird **Twix** und aus der **UdSSR** die **GUS**. Aus Gorbatschow wird deswegen Jelzin. Beide haben irgendwie mit Wodka zu tun. Das **Kino** ist **komplett Kevin** und tanzt als Robin Hood mit dem Wolf allein zu Haus. Der **2. Golfkrieg** hat fatale Folgen für die deutsche Brauwirtschaft im Besonderen und für die **demographische Entwicklung** im Allgemeinen, da wegen des Krieges der Karneval ausfällt.

1992

Immer mehr **Neubürger-Ost** halten Kohls blühende Landschaften für blühende Fantasien und lassen den Frust – ohne logischen Zusammenhang – in Rostock-Lichtenhagen an **wehrlosen Gastarbeitern** aus. **Bill Clinton** kommt erst ins Weiße Haus und später dann im Weißen Haus und sein Vorgänger **JFK** in die Kinos. Das Fernsehen schenkt uns **GZSZ** und die Briten schenken uns die erste CD von **Take That**. Das Leben ist also doch manchmal schön!

1993

Die **EU** wird mit dem Inkrafttreten des **Maastrichter Vertrags** Wirklichkeit. Ob Dr. Alban deswegen **„Sing Halleluja"** singt oder weil **VIVA** auf Sendung geht, ist nicht überliefert. Die **Mehrwertsteuer** wird von 14 auf **15%** und der Damenschuh der Firma **Buffalo** von 5 auf über 20cm erhöht.

The sky is the limit. Plateauschuhe waren nicht nur Mode, sondern auch Kick. Wer dem Höhenrausch erst einmal verfallen war, versuchte mit selbstgebauten Sohlensätzen bis in Baumkronenhöhe vorzustoßen.

1974 Baujahr Und dann ging alles ganz schnell ...

Kaum dass wir in den Schulen angekommen waren und uns dort trotz Liebeskummer, Mathematik-Nachhilfe und Versetzungssorgen durchgebissen hatten, war die Show auch schon wieder zu Ende. Diejenigen von uns, die mit der ganzen Rumhockerei in überheizten Klassenräumen sowieso nicht so viel anfangen konnten, begannen nach der 9. oder 10. Klasse eine Lehre.

Weil noch nicht jeder von uns hochbegabt war oder als Erfüllungsgehilfe elterlicher Yale- und Harvard-Fantasien dienen musste, war das eine völlig normale Angelegenheit.

Diejenigen, die sich in der Schule wohlfühlten, machten das Abitur. Weil Bologna in den 90ern nur die Heimat einer Nudelsoße und nicht der Ursprungsort der Hausordnung eines Bildungskerkers war, gingen wir entspannt in unsere Studien.

Wir zogen von zu Hause aus und bemühten uns, in kleinen Wohnungen oder Wohngemeinschaften einen intelligenteren Lebensstil als den unserer Eltern zu entwickeln.

Unsere Grundnahrungsmittel waren strengen Vorschriften unterworfen und durften ausschließlich aus Fleisch unbekannter Herkunft in Weißbrotfladen bestehen. Das spärlich dazugegebene Grünzeug fiel am ehesten dadurch auf, dass es den Geschmack nicht groß störte.

DER Mythos der Generation Z ist, abgesehen von regenbogenfarbenen Einhörnern, der Geldbaum, von dem die Eltern jeden Morgen Schotter ernten. Wir fragen uns bang, ob die Robotertechnologie auch schnell genug sein wird, um sich im Alter maschinell um uns zu kümmern, wenn der Baum keine Blätter mehr abwirft.

Wir sparten zum Beispiel unfassbar viel Strom durch die Ernährungsumstellung auf Döner und Mäcces. Leider spiegelten diese Einsparungen unsere Leistung für den ökonomischen Fußabdruck wirtschaftlich nicht annähernd wider. So kam es, dass wir uns neben dem Studium oder der Ausbildung Jobs besorgen mussten.

Unsere Eltern waren leider noch nicht von der Überzeugung beseelt, dass sie uns bis Mitte 30 voll versorgen sollten. Selbst die, die es sich länger im Hotel Mama gemütlich machten, wurden nach und nach der elterlichen Zusatzzuwendungen entwöhnt. Der Vorteil war, dass wir lernten, dass Geld nicht auf Bäumen wächst oder von der Post gebracht wird.

Wir wurden sparsamer und blieben öfter mal zu Hause. Auch, weil das ständige Ausgehen und dauernde frühe Aufstehen anfingen an unseren Reserven zu zehren. Wir entdeckten DVD-Abende und Brettspiele als Freizeitvergnügen, wie auch das Kochen, das viele von uns heute beinahe auf Sternekoch-Niveau beherrschen.

Als das Jahrtausend zu Ende ging, hatten wir so viel Spaß gehabt, dass sogar der Ernst des Lebens für uns allmählich eine wohltuend strukturierte Alternative zum Abfeiern darzustellen begann.

PROMINENT & Baujahrgleich

1974,
The Biggest
Bio-Blockbuster
ever!

Baujahr 1974 Das Ende vom Anfang

So gingen die Jahre ins Land, und wir mussten feststellen, dass der „Wind of Change" leider nicht nur das Abschiedslied für den Ostblock war. Es ist vielmehr die Hymne unserer Generation.

Denn mit uns zusammen wuchs auch das Internet auf, und es will einfach nicht aufhören damit. Wir sind so was wie die Generation Sisyphos. Was wir glauben auf den Gipfel gehoben zu haben, muss morgen auf das nächste Level. Und das ohne drei weitere Leben.

Wir wissen oft nicht, ob es unseren jetzigen Beruf in ein paar Jahren noch geben wird und was wir dann wohl machen werden. Aber wir sind mit Veränderungen groß geworden, wir werden mit Veränderungen auch fertig werden. Trotzdem sind wir dankbar dafür, eine Kindheit gehabt zu haben, in der es keine Smartphones und sozialen Netzwerke gab, die unsere Zeit auffraßen.

Wir waren in einer Zeit Kinder, in der wir das Wasser aus Wasserhähnen und nicht aus Flaschen tranken. Wir verließen morgens das Haus zum Spielen. Wir blieben den ganzen Tag weg und mussten erst zu Hause sein, wenn die Straßenlaternen angingen.

Sie waren gekommen, um zu bleiben. Warum sind die blöden Kisten nicht einfach im Raumschiff Enterprise geblieben?

Niemand wusste, wo wir waren, und wir hatten nicht einmal ein Handy dabei! Wir aßen Kekse, Brot mit massig Butter, tranken viel süßes Zeug und wurden trotzdem nicht zu dick. Wir hatten keine Follower oder Smartphone-Gruppen.

Wir hatten Freunde! Wir gingen einfach raus und trafen sie auf der Straße. Oder wir marschierten zu deren Heim und klingelten. Keiner brachte uns oder holte uns ab. Wie war das nur möglich? Wir dachten uns Spiele aus, mit Holzstöcken und Tennisbällen.

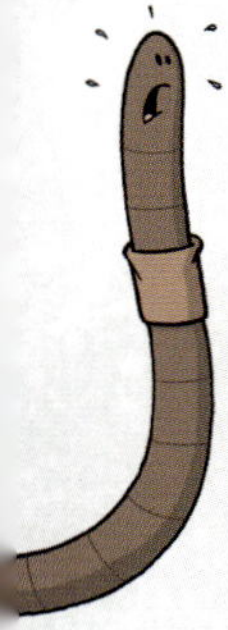

Außerdem aßen wir Würmer. Und die Prophezeiungen traten nicht ein: Die Würmer lebten nicht in unseren Mägen für immer weiter. Wenn einer von uns gegen das Gesetz verstoßen hatte, war klar, dass seine Eltern ihn nicht automatisch aus dem Schlamassel heraushauen würden. Im Gegenteil:

Sie waren oft derselben Meinung wie die Polizei!

Unsere Generation hat eine Menge innovativer Problemlöser und Erfinder mit Risikobereitschaft hervorgebracht. Wir hatten Freiheit, Misserfolg, Erfolg und Verantwortung. Wir waren Helden – so was baut heute keiner mehr!

Diese Zeiten sind leider unwiederbringlich vorbei. Aber wir werden alles tun, dass auch unser Nachwuchs dasselbe von seinen schönsten Lebensjahren sagt!*

(*Auch wenn es unter ihnen reichlich verzogene Wellpappen gibt, die man am liebsten ... Aber das macht man heute ja nicht mehr.)

1. Auflage 2023
– Originalausgabe –

ISBN 978-3-8303-4548-0

Idee und Text: Michael Kernbach
Umschlag- und Innenillustrationen: Miguel Fernandez
Lektorat: Oliver Domzalski
Redaktion: Ariane Ossowski
Herstellung/Gestaltung: Sarah Landwehr/Monika Swirski

FSC MIX Papier FSC® C002795

Wir produzieren nachhaltig
- Klimaneutrales Produkt
- Papiere aus nachhaltigen und kontrollierten Quellen
- Hergestellt in Europa